Ute Seichter

Deko-Trends mit Stoff

Das Nähbuch rund ums Jahr

Schöne Geschenke · liebevolle Accessoires · einfach selbst gemacht

Deko-Trends mit Stoff

Die textilen Dekomodelle dieses Buches wenden sich an alle, die Spaß an Farben und Stoffen haben, die das liebevolle Detail schätzen, gerne schöne Dinge verschenken und ihre Umgebung dekorativ gestalten wollen.

Die Modelle sind auch für Anfänger leicht nachzuarbeiten. Den Schwierigkeitsgrad des jeweiligen Modells finden Sie am Anfang der Anleitung (✳ sehr einfach, ✳✳ einfach, ✳✳✳ etwas Geduld und Geschick). Die ausführlichen Anleitungen helfen auf dem Weg zum Erfolg. Lesen Sie den Anleitungstext immer sorgfältig durch, bevor Sie ans Werk gehen. Sollten Fragen auftauchen, hilft der Lehrgang am Ende des Buches weiter.

Im Lehrgang werden alle nähtechnischen Grundkenntnisse, die für das erfolgreiche Nacharbeiten der Modelle nötig sind, Schritt für Schritt mit Schemazeichnungen erklärt. Zusätzlich erhalten Sie hier Materialtipps zum Thema „Stoffe und Nähen".

Ebenfalls am Buchende finden Sie die Schemazeichnungen zu den Modellen. Die einzelnen Motive werden in verschiedenen Größen angeboten. Achten Sie bitte genau auf die Nummer der Abbildung, die zu dem von Ihnen ausgewählten Modell gehört.

Die im Buch verwendeten Stoffe der Firma Westfalenstoffe sind aus 100 % Baumwolle und liegen 150 cm breit. Diese Stoffe sind besonders hautfreundlich und daher auch für den Kinder- und Wäschebereich geeignet. Da sie farbecht und strapazierfähig sind, hat man auch nach intensivem Gebrauch und häufigem Waschen viel Freude an ihnen.

Ich wünsche Ihnen viel Spaß und Erfolg mit diesem Buch.

Ute Seichter

Inhaltsverzeichnis

Fröhliche Küchenhühner

Freundliche Küchenhelfer

Topflappen „Huhn"

Schwierigkeitsgrad: ✷✷
Größe: 23 cm x 23 cm

Das wird gebraucht:

• 0,35 m feiner Streifenstoff (W 9320/150)
• 0,20 m Karostoff (W 9293/27)
• 0,35 m orangefarbener Stoff (W 89763/53)
• 0,25 m rotes Schrägband, vorgefalzt
• 0,35 m dickes Frottee (z.B. Handtuch)
• 0,20 m Vliesofix
• Rotes Nähgarn
• Schwarzes Nähgarn
• Schwarzer Sticktwist

So wird es gemacht:

Auf dem fein gestreiften Stoff 2 Quadrate
25 cm x 25 cm (Nahtzugabe enthalten)
diagonal zum Streifen markieren. Auf jedes
Quadrat eine Huhnapplikation *(Abb. 2 im
Vorlagenteil)* aufnähen (vgl. Anleitung
Schürze „Huhn" auf dieser Seite).
Anschließend die Quadrate ausschneiden.

Für die Aufhänger das Schrägband längs
falten, zusammensteppen und in zwei 12 cm
lange Streifen schneiden.

Das Frottee glatt auslegen, darauf den orangefarbenen Stoff für die Topflappenrückseite
legen, darauf die Topflappenvorderseiten mit
der rechten Seite nach unten. Die Lagen an
den Rändern der Vorderseiten entlang zusammenstecken und ausschneiden.

An der oberen Ecke des Topflappens muss
die Aufhängerlasche mit festgenäht werden.
Dafür wird jeweils ein Stück Schrägstreifen
zur Schlaufe gelegt und so zwischen Vorder-
und Rückseite geschoben, dass die Schlaufe
nach innen liegt und das offene Ende in die
Nahtzugabe reicht.

Die Lagen mit einer Nahtzugabe von 1 cm
zusammennähen. An einer Seite eine Öffnung von ca. 8 cm zum Wenden offen lassen. Topflappen wenden. Die Öffnung mit
Saumstich schließen.

Den Topflappen bügeln. Das Huhn mit
knapp 1 cm Abstand umsteppen. Dadurch
werden die 3 Lagen fixiert und der Topflappen gewinnt an Stabilität.

Schürze „Huhn"

Schwierigkeitsgrad: ✷✷
Größe: 92 cm x 70 cm

Das wird gebraucht:

• 0,95 m breiter Streifenstoff (W 5206/51)
• 0,40 m feiner Streifenstoff (W 9320/150)
• 0,20 m Karostoff (W 9293/27)
• 0,20 m Vliesofix
• Rotes Nähgarn
• Schwarzes Nähgarn
• Schwarzer Sticktwist
• Phantomstift

So wird es gemacht:

Den Schnitt anhand der Schemazeichnung
(Abb. 1 im Vorlagenteil) mit Bleistift oder
Phantomstift auf den breit gestreiften Stoff
übertragen. Eine Nahtzugabe von 2 cm ist
in den Maßen enthalten. Zum Zuschneiden
der Kurven falten Sie den Stoff längs mittig
und schneiden beide Kurven zusammen zu.

Für die Seitenbänder und die Halsschlaufe
schneiden Sie 6 cm breite Streifen aus dem
Schürzenstoff zu: 1 x 58 cm lang, 2 x 67 cm
lang. Die Streifen werden zu langen Schläuchen genäht, gewendet und gebügelt. Die beiden 67 cm langen Schläuche werden jeweils
an einem Ende versäubert. Der Stoff wird ca.
0,5 cm nach innen gefaltet und knappkantig
abgesteppt.

Jetzt werden die Kanten der Schürze gesäumt:
zuerst der untere Rand und die Kurven,
dann der obere Rand und die Seiten. Dabei
werden rechts und links die langen Streifen

und oben an beiden Ecken die Enden der kurzen Streifen mit festgenäht.

Für die Applikation das Huhnmotiv *(Abb. 2 im Vorlagenteil)* auf Vliesofix übertragen. Beachten Sie, dass die fertige Applikation seitenverkehrt erscheint. Huhn grob ausschneiden, diagonal zum Muster auf den Karostoff aufbügeln und genau ausschneiden.

Die Schürzentasche *(Abb. 3 im Vorlagenteil)* auf dem fein gestreiften Stoff markieren, Applikation aufbügeln und mit Zick-Zack- oder Applikationsstich festnähen. Nehmen Sie dafür schwarzes Nähgarn, damit sich die Konturen deutlich abheben.

Mit Phantomstift Füße, Flügel, Schnabel, Auge und Kamm markieren. Jetzt wird mit der Hand gestickt. Als Kontrastfarbe

empfiehlt sich Schwarz. Das Auge und der Kamm werden mit Plattstich ausgefüllt, Schnabel, Flügel und Füße mit Stielstich gestickt (siehe auch Lehrgang auf Seite 55).

Die Tasche ausschneiden, dabei Nahtzugabe zugeben. Die obere Kante wird gesäumt. Die Tasche wird auf der Schürze mit 32 cm Abstand vom unteren Rand entfernt aufgenäht.

Ein Huhn, ein Ei oder zwei oder drei ...

Tablett „Huhn"

Schwierigkeitsgrad: ✱
Größe: 45 cm x 30 cm

Das wird gebraucht:

• Holztablett, 45 cm x 30 cm
• 0,30 m x 0,30 m Karostoff (W 9293/27)
• 59 ml Patio Paint Orange
• 59 ml Patio Paint farblos
• Schwarzer Allesmarker
• Feines Sandpapier
• Schablonenmaterial

So wird es gemacht:

Tablett falls nötig schleifen und 1 x orangefarben streichen. Die Farbe gut durchtrocknen
lassen und danach noch 1 x orangefarben
überstreichen.

Das Huhnmotiv *(Abb.2 im Vorlagenteil)* auf
den karierten Stoff übertragen und genau
ausschneiden.

Das Tablett farblos streichen. Das Huhnmotiv auf den feuchten Untergrund legen
und vorsichtig mit dem farblosen Klarlack
überstreichen. Nach 2 weiteren farblosen
Anstrichen das vollständig getrocknete
Tablett mit feinem Sandpapier leicht schleifen. Auf den sauberen Untergrund einen
weiteren farblosen Anstrich aufbringen.

Nach dem Trocknen mit dem Allesmarker
Schnabel, Auge, Kamm, Flügel und Beine
aufmalen.

Bild „Huhn"

Schwierigkeitsgrad: ✱
Größe: 18 cm x 13 cm

Das wird gebraucht:

• Rest Karostoff (W 9293/27)
• Ovale Holzplatine, ca. 13 cm x 18 cm
• 59 ml Patio Paint Orange
• 59 ml Patio Paint farblos
• Schwarzer Allesmarker
• Feines Sandpapier
• Schablonenmaterial

So wird es gemacht:

Die Holzplatine 2 x orangefarben grundieren. Kleines Huhnmotiv *(Abb. 4 im*
Vorlagenteil) mit Hilfe einer Schablone
auf den karierten Stoff übertragen und
genau ausschneiden.

Die Holzplatine farblos streichen. Das Stoffmotiv auf den feuchten Untergrund legen
und ebenfalls farblos streichen.
Den Anstrich gut durchtrocknen lassen.
Nach 2 weiteren farblosen Anstrichen die gut
durchgetrocknete Platte mit feinem Sandpapier vorsichtig schleifen. Anschließend auf
den sauberen Untergrund einen weiteren
farblosen Anstrich aufbringen.

Nach dem Trocknen mit dem Allesmarker
Schnabel, Auge, Kamm, Flügel, Beine und
den Schriftzug aufmalen.

Küchentuch „Huhn"

Schwierigkeitsgrad: ✳
Größe: 52,5 cm x 51 cm

Das wird gebraucht:

- 0,55 m orangefarbener Unistoff (89763/53)
- 0,20 m Karostoff (W 9293/27)
- 0,25 m rotes Schrägband, vorgefalzt
- 0,20 m Vliesofix
- Orangefarbenes Nähgarn
- Schwarzes Nähgarn
- Schwarzer Sticktwist

So wird es gemacht:

Aus dem orangefarbenen Stoff ein Rechteck 65,5 cm x 54 cm (Nahtzugabe 1,5 cm enthalten) zuschneiden. Das Schrägband für die Aufhängelasche längs falten und zusammensteppen.

Das Rechteck rundum säumen. Dabei an einer Schmalseite mittig die Aufhängelasche festnähen.
Die Huhnapplikation *(Abb. 2 im Vorlagenteil)* an gewünschter Stelle applizieren (siehe auch Anleitung Schürze „Huhn" auf Seite 8).

Ordnung ist das halbe Leben!

Hier macht Ordnung Spaß

Utensilo „Sonnenblume"

Schwierigkeitsgrad: ✳✳✳
Größe: 59 cm x 93 cm

Das wird gebraucht:

- 1,00 m grüner Unistoff (W 89763/51)
- 1,00 m Karostoff (W 6687/10)
- 1,00 m Volumenvlies, 0,90 m breit
- Grünes Nähgarn
- Blaues Nähgarn
- Grüner Textilmarker
- 5 Bienenknöpfe
- 7 Blumenknöpfe
- 1 Nadelmagnet
- 1 Bienenkorbanstecker

So wird es gemacht:

Alle Angaben enthalten die Nahtzugabe von 1,5 cm.

Für den Hintergrund aus dem grünen Stoff 2 x ein Rechteck 61 cm x 91 cm zuschneiden, für die Aufhängung einen Streifen von 63 cm x 10 cm.

Aus dem Streifen einen Schlauch nähen, wenden, bügeln und versäubern. Die fertige Länge des Schlauches soll 58 cm sein.

Die Rechtecke genau aufeinander legen und so auf das Wattevlies legen, dass dieses

rundum übersteht. Den Stoff auf dem Vlies feststecken und rundum feststeppen. Dabei ungefähr in der Mitte einer Längsseite eine Öffnung von ca. 20 cm zum Wenden lassen.

Das Arbeitsstück wenden und am Rand knappkantig absteppen. Dabei wird die Seiten-öffnung geschlossen und der Schlauch für die Aufhängung festgesteppt. Dafür den Schlauch an einer Schmalseite ca. 1 cm unter das Arbeitsstück schieben und feststecken.

Für die unterste Taschenreihe wird aus dem Karostoff ein Streifen von 17 cm Breite und 90 cm Länge zugeschnitten und an einer langen Seite gesäumt.
Die Taschenstreifen feststecken: An den Seiten und unten werden zum Versäubern 1 cm Stoff nach innen geschlagen. Mit dem Feststecken wird an der linken Seite 1,5 cm vom Rand entfernt begonnen.
In die Unterseite des Taschenstreifens werden 4 Falten von je 2 cm Tiefe gelegt. Die Falten haben vom linken Außenrand den ungefäh-ren Abstand 7 cm, 20 cm, 39,5 cm und 53 cm (siehe auch Foto rechts). Der Taschenstreifen wird seitlich und unten festgenäht.

Für die einzelnen Taschen nun 3 senkrechte Nähte anbringen im Abstand 14,5 cm, 30 cm und 44 cm vom linken Rand aus gemessen.

Die zweite Taschenreihe ist für Stifte gedacht. Hierfür Stoffstreifen von 17 cm Breite und 27 cm Länge zuschneiden. Den oberen Rand säumen.

Die Streifen feststecken. Der Oberrand des Streifens hat 40,5 cm Abstand von der Unter-kante des Utensilos. Taschenstreifen direkt am linken Rand des Utensilos feststecken und feststeppen (vgl. oben). Für die Taschen alle 3 cm eine senkrechte Naht anbringen.

Die dritte Reihe wird wie die erste gearbeitet. Der Streifen ist allerdings 20 cm breit und 91,5 cm lang. Die Taschen beginnen direkt am linken Rand des Utensilos. Der Abstand zwischen der zweiten und dritten Reihe beträgt 10 cm.

Die vierte Reihe ist für Garnröllchen gedacht. Stoffstreifen von 8 cm Breite und 88 cm Länge zuschneiden. Der Abstand zur dritten Reihe beträgt 11,5 cm. Vom linken Rand aus 17 Taschen von 3 cm Breite feststecken. Jede Tasche hat in der Mitte eine 1 cm tiefe Falte. Die Ausarbeitung ist die gleiche wie bei den oben beschriebenen Reihen.

Für die große Einzeltasche am rechten Rand ein Rechteck mit der Breite 18,5 cm und der Länge 22 cm zuschneiden. Das Rechteck liegt diagonal zum Karomuster. Der Abstand zur untersten Taschenreihe beträgt 5,5 cm. In der Mitte der Tasche liegt eine 1 cm tiefe Falte. Die Ausarbeitung ist die gleiche wie bei den oben beschriebenen Reihen.
Die Blumenstängel und Blätter *(Abb. 5 im Vorlagenteil)* mit Stoffmarker aufzeichnen (siehe auch Foto auf der rechten Seite). Eine Blume sollte direkt unter einer Stifte-tasche enden. Im Kopf der dazugehörigen Blüte verbirgt sich ein Nadelmagnet. Der Magnet zur Befestigung der Blüte wird in die Stiftetasche geschoben.

Blütenköpfe und Bienen annähen, Bienen-korb feststecken (siehe auch Foto auf der rechten Seite).

Alles an seinem Platz

Zeitschriftenordner „Sonnenblume"

Schwierigkeitsgrad: ✳
Größe: 4,5 cm x 4,5 cm

Das wird gebraucht:

- Reste Karostoff (W 6687/10)
- Reste Bastelwatte
- 3 Holzordner
- Blaues Nähgarn
- 59 ml Patio Paint Azurblau
- 59 ml Patio Paint farblos
- 1 Knopf „Blume"
- 1 Knopf „Biene"
- 1 Knopf „Haus"

So wird es gemacht:

Die Holzordner blau streichen, nach dem Trocknen den Anstrich wiederholen. Nach dem Trocknen farblos streichen.

Die Stoffstückchen 5 cm x 5 cm (Nahtzugabe von 0,5 cm enthalten) verstürzen, mit etwas Bastelwatte locker füllen und am Rand knappkantig absteppen. In der Mitte jeweils einen Knopf annähen. Mit Buchbinderleim auf die Rückseiten der Ordner kleben.

Pinnwand „Sonnenblume"

Schwierigkeitsgrad: ✳✳✳
Größe: 89 cm x 59,5 cm

Das wird gebraucht:

- 1,00 m Karostoff (W 6687/10)
- 0,25 m grüner Unistoff (W 89763/51)
- 1,00 m Volumenvlies, 0,90 m breit
- Korkplatte, 88,5 cm x 59 cm x 1 cm
- Grünes Nähgarn
- Braunes Nähgarn
- 12 Blumenknöpfe
- Buchbinderleim
- Tacker

So wird es gemacht:

Das Volumenvlies wird auf die Korkplatte gelegt und am Rand mit dem Tacker etwa 6 x befestigt. Anschließend wird es so zurechtgeschnitten, dass es rundum 1 cm übersteht.

Den grünen Stoff in 4 lange Streifen vom 6 cm Breite schneiden. Die einzelnen Streifen zu langen Schläuchen nähen (Nahtzugabe 0,5 cm), wenden und so bügeln, dass die Naht in der Mitte der Rückseite liegt. Die Streifen werden für die Bespannung und Aufhängung gebraucht.

Auf dem Karostoff ein Rechteck 88,5 cm x 59 cm markieren. Rundum einen Rand von ca. 7 - 10 cm lassen. Die Befestigungspunkte für die Streifen am Rand markieren *(Abb. 6 im Vorlagenteil)*. Die Streifen auf dem Karostoff feststecken. Am besten stecken Sie in jede Richtung einen langen Streifen fest, schneiden die Enden mit ca. 6 cm Überhang ab und stecken dann die kürzeren Streifen parallel im Abstand von 11,5 cm fest. Die Kreuzungspunkte werden jeweils mit einem Knopf am Karostoff festgenäht.

Die so vorbereitete Vorderseite wird auf das Volumenvlies gelegt und mit einigen Stecknadeln fixiert.

Das ganze Werkstück wird gewendet. Die Ränder der Korkplatte werden mit Buchbinderleim bestrichen, der Stoff fest darüber gezogen und glatt gestrichen. Kleben Sie nacheinander erst die langen und dann die kurzen

Seiten fest. Damit der Stoff beim Trocknen nicht wegrutscht, sollten Sie ihn mit dem Tacker befestigen und einen Tag trocknen lassen.

Am nächsten Tag werden die Aufhängelaschen auf gleiche Weise befestigt. Für jede der vier Laschen wird aus den Streifenresten ein Stück von 25 cm Länge halb gefaltet.

Das offene Ende wird zum Ankleben vorbereitet und dafür 4 cm weit zusammengesteppt.

Anschließend werden die Laschen im Abstand 18,5 cm voneinander an der Oberkante auf der Rückseite mit Buchbinderleim so festgeklebt, dass die Laschen 6 cm über den Rand reichen. Auch hier empfiehlt sich eine zusätzliche Sicherung mit dem Tacker.

Ein Sommertisch
in Rot und Weiß

Sie sind herzlich eingeladen

Anhänger „Herz"

Schwierigkeitsgrad: ✱✱
Größe: 9,5 cm x 16 cm

Das wird gebraucht:

Material pro Herz:
- 2 Stücke à 0,20 m x 0,12 m roter Unistoff (W 9804/52)
- Reste roter Karo- und Streifenstoff
- 0,60 m rotes Satinband, 6 mm breit
- Ca. 65 cm naturfarbener Bast
- Bastelwatte

So wird es gemacht:

Die Vorderseite wird wie die Herzapplikation *(Abb. 7 im Vorlagenteil)* genäht (siehe auch Tischset „Herz" unten). Am Schluss wird sie nur mit ca. 0,75 cm Nahtzugabe ausgeschnitten. Das Herz mit rotem Stoff verstürzen, zum Wenden an einer Seite eine Öffnung von ca. 6 cm lassen. Nach dem Wenden das Herz mit Bastelwatte leicht ausstopfen und Öffnung mit Saumstich schließen.

Das Satinband doppelt legen und so oben am Herz festnähen, dass eine ca. 7 cm lange Schlaufe zum Aufhängen entsteht.

Die herunterhängenden Enden des Satinbandes zu einer Schleife binden. Dabei wird der Bast, der vorher um die Hand gewickelt wurde, mit festgebunden. Die Enden des Satinbandes zurechtschneiden.

Tischsets „Herz"

Schwierigkeitsgrad: ✱✱
Größe: 45 cm x 35 cm

Das wird gebraucht:

- 0,45 m feiner Streifenstoff (W 9059/50)
- 0,40 m roter Unistoff (W 9804/52)

- 0,40 m vanillefarbener Unistoff (W 9804/50)
- Reste roter Karo- und Streifenstoff
- 0,40 m Volumenvlies
- Rotes Nähgarn
- Schablonenmaterial

So wird es gemacht:

Angaben für ein Tischset:
Aus dem vanillefarbenen Stoff ein Rechteck 25 cm x 35 cm mit Nahtzugabe zuschneiden. Aus dem fein gestreiften Stoff 5 cm breite Streifen mit schräger Ecke zuschneiden *(siehe auch Lehrgang auf Seite 55)*: je 2 mit der Länge 45 cm + Nahtzugabe und 35 cm + Nahtzugabe. Die Streifen an das Rechteck nähen.

Die Herzform *(Abb. 7 im Vorlagenteil)* mit Schablone auf einen Stoffrest übertragen und grob ausschneiden. Die unmarkierte Rückseite in Crazy-Technik benähen *(siehe auch Lehrgang auf Seite 55)*, bügeln und Herzform genau ausschneiden.

Herz in der rechten oberen Ecke des Tischsets feststecken und mit Zick-Zack- oder Applikationsstich festnähen.

Das Volumenvlies und den roten Rückseitenstoff etwas größer als die Vorderseite zuschneiden. Lagen wie folgt aufeinander legen: Volumenvlies, Rückseitenstoff mit rechter Seite nach oben, Vorderseite mit rechter Seite nach unten. Die Lagen am Rand rundum feststecken.

Die Lagen rundum zusammensteppen. Zum Wenden eine Öffnung von ca. 10 cm lassen. Werkstück wenden, Ränder glatt streichen, evtl. bügeln. Öffnung mit Saumstich schließen.

Konturen des Herzens und des Innenfeldes in der Naht nachsteppen. Dafür eine Stichlänge von 3,5 - 4 wählen.

Karo & Co. machen die Herzen froh

Kissen „Herz"

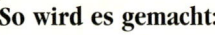

Schwierigkeitsgrad: ✳✳
Größe: 40 cm x 40 cm

Das wird gebraucht:

- 0,45 m breiter Streifenstoff (W 9646/51)
- 0,45 m roter Unistoff (W 9804/52)
- 0,25 m vanillefarbener Unistoff (W 9804/50)
- 1,00 m feiner Streifenstoff (W 9059/50)
- Reste roter Karo- und Streifenstoff
- 0,25 m Volumenvlies
- Rotes Nähgarn
- Vanillefarbenes Nähgarn
- 1 Kissenfüllung, 40 cm x 40 cm pro Kissen
- Schablonenmaterial

So wird es gemacht:

Herzapplikation *(Abb. 7 im Vorlagenteil)* vorbereiten (siehe auch Tischset „Herz" auf Seite 20). Auf dem vanillefarbenen Stoff ein Quadrat von 20 cm x 20 cm markieren. Die Applikation in der Mitte feststecken und mit Zick-Zack- oder Applikationsstich aufnähen. Quadrat mit Nahtzugabe ausschneiden.

Aus dem breitgestreiften Stoff vier Streifen mit schräger Ecke *(siehe auch Lehrgang auf Seite 55)* in der Breite 10 cm + Nahtzugabe und der Länge 40 cm + Nahtzugabe zuschneiden. Die Randstreifen annähen.

Aus dem Volumenvlies und dem vanillefarbenen Stoff je ein Quadrat 23 cm x 23 cm (Nahtzugabe bereits enthalten) zuschneiden. Diese so unter das Quadrat mit der Applikation legen, dass das Volumenvlies die mittlere Lage ist. Die Lagen mit einigen Heftstichen fixieren. Die Konturen des Herzens und des Innenfeldes in der Naht absteppen. Dafür eine Stichlänge von 3,5 oder 4 einstellen. Überstehendes Volumenvlies und Rückseitenstoff auf Breite der Nahtzugabe abschneiden.

Für jedes Kissenband einen Streifen in der Breite 12 cm und der Länge 98 cm (Nahtzugabe bereits enthalten) zuschneiden.

Daraus einen Schlauch nähen, wenden, ein Ende schräg abschneiden und versäubern. Man kann auch kürzere Bänder nähen. Je nachdem wie die Kissen am Stuhl befestigen werden sollen, müssen 2 oder 4 Bänder pro Kissen vorbereitet werden.

Vom roten Unistoff ein Quadrat 45 cm x 45 cm abschneiden. Die Vorderseite mittig darauf legen, die rechte Seite nach unten, und feststecken. In die hinteren Ecken die Befestigungsbänder schieben. Die Bänder müssen nach innen zwischen den Stofflagen liegen und nur in Breite der Nahtzugabe vorschauen.

Die Lagen zusammennähen. Die Bänder dabei mit festnähen. An der hinteren Seite eine Öffnung von ca. 20 cm zum Wenden lassen. Kissen wenden und bügeln. Kissenfüllung in die Hülle schieben. Rückseite knappkantig absteppen und dabei die Öffnung schließen.

Unterdecke „Herz"

Schwierigkeitsgrad: ✳
Größe: 196 cm x 146 cm

Das wird gebraucht:

- 2 m Karostoff
- Rotes Nähgarn (W 9059/10)

So wird es gemacht:

Aus dem Stoff ein Rechteck 2 m x 1,5 m (Nahtzugabe bereits enthalten) zuschneiden. Den Rand schmal säumen.

Ein Traum zum Schlafen

Sich aufs Aufwachen freuen

Blüten-Vase

Schwierigkeitsgrad: ✳

Das wird gebraucht:

- 1 Terracottavase
- Rest heller Karostoff (W 9346/00)
- Rest dunkler Karostoff (W 9343/00)
- Rest grüner Unistoff (W 9770/50)
- 59 ml Patio Paint Elfenbein
- 59 ml Patio Paint farblos
- Feines Schleifpapier
- Schablonenmaterial

So wird es gemacht:

Die Vase 2 - 3 x elfenbeinfarben grundieren.

Die Blüten- und Blattmotive *(Abb. 8 im Vorlagenteil)* mit Hilfe von Schablonen auf die Stoffe übertragen (siehe auch Duftsäckchen „Blüten" auf Seite 28) und genau ausschneiden.

Die Vase farblos streichen. Dann die Stoffmotive auf den noch feuchten Untergrund legen *(Abb. 8 im Vorlagenteil)* und anschließend farblos überstreichen. Nach dem Trocknen einen weiteren Anstrich auftragen.

Soll die Oberfläche schön glatt werden, wird sie nach einem dritten Anstrich vorsichtig mit feinem Sandpapier geschliffen. Danach wird der saubere Grund erneut farblos gestrichen.

Bettwäsche „Blüten"

Schwierigkeitsgrad: ✳✳✳
Größen: 200 cm x 130 cm,
        80 cm x 80 cm

Das wird gebraucht:

- 5,00 m Streifenstoff (W 9344/50)
- 0,85 m naturweißer Unistoff (P 1514/00)
- Rest heller Karostoff (W 9346/00)
- Rest dunkler großer Karostoff ((W 9345/00)

- Rest dunkler feiner Karostoff (W 9343/00)
- Rest grüner Unistoff (W 9770/50)
- Rest Vliesofix
- Naturweißes Nähgarn
- Grünes Nähgarn
- Blaues Nähgarn
- 13 Wäscheknöpfe
- Schablonenmaterial

So wird es gemacht:

Für die Passe am Oberbett ein Rechteck in der Breite 130 cm + Nahtzugabe und der Höhe 78 cm + Nahtzugabe aus dem naturweißen Stoff zuschneiden. Lange auf lange Seite falten und den entstehenden Bruch festbügeln.

Die Applikationsmotive *(Abb. 9 im Vorlagenteil)* vorbereiten (siehe auch Dinkelkissen „Blüten" auf Seite 29). Die Motive wie gezeigt auf der Passe positionieren: ca. 11 cm vom unteren Rand der Passe und ca. 6 cm von der Mitte entfernt. Motive aufbügeln und mit

Zick-Zack- oder Applikationsstich festnähen. Aus dem gestreiften Stoff zwei Rechtecke mit der Breite 130 cm + 3 cm Nahtzugabe und der Länge 161 cm + 16 cm Nahtzugabe zuschneiden. Diese Rechtecke an die Passe nähen. Die Seitennähte schließen.

Unten einen 4 cm breiten Saum legen, so dass der Stoff in Saumbreite dreifach liegt. Den Saum oben und unten knappkantig absteppen. In den Saum auf der Unterseite gleichmäßig verteilt 8 Knopflöcher nähen, auf der oberen Innenseite die entsprechenden Knöpfe annähen.

Für das Kopfkissen aus dem Streifenstoff ein Rechteck in der Breite 80 cm + 3 cm Nahtzugabe und der Länge 176 cm + 16 cm Nahtzugabe zuschneiden. Den Stoff in der Länge halb falten. Die Seitennähte schließen.

Unten einen 4 cm breiten Saum legen. Die weiteren Arbeitsschritte sind die gleichen wie oben beim Oberbett bereits beschrieben, allerdings mit 5 Knöpfen.

Natur pur – liebevoll verpackt

Duftsäckchen „Blüten"

Schwierigkeitsgrad: ✱
Größe: 25 cm x 9,5 cm

Das wird gebraucht:

- 0,30 m naturweißer Unistoff (P 1514/00)
- Rest heller Karostoff (W 9346/00)
- Rest dunkler Karostoff (W 9343/00)
- Rest grüner Unistoff (W 9770/50)
- Rest Vliesofix
- Naturweißes Nähgarn
- Grünes Nähgarn
- Blaues Nähgarn
- 0,90 m grünes Satinband, 6 mm breit
- 1,80 m grüner Bast (2 x 0,90 m lang)
- Schablonenmaterial

So wird es gemacht:

Aus dem naturweißen Stoff ein Rechteck von 30,5 cm Breite und 28 cm Höhe zuschneiden (Nahtzugabe bereits enthalten). Eine lange Kante für den oberen Rand säumen.

Mit den Schablonen 2 Blütenmotive und 3 Blätter *(Abb. 8 im Vorlagenteil)* auf Vliesofix übertragen und grob ausschneiden. Die 2 Blütenköpfe auf den hellen Karostoff, die 2 Blütenfüllungen auf das dunkle Karo und die 3 Blätter auf den grünen Stoff aufbügeln. Achten Sie darauf, dass die Motive diagonal im Karomuster liegen. Die Motive genau ausschneiden.

Das vorbereitete Rechteck so falten, dass die kurzen Seiten aufeinander kommen, der gesäumte Rand ist oben und die rechte Stoffseite außen. Positionieren Sie die Applikationsmotive und bügeln sie sie auf. Die Spitzen der Blüten sollten ca. 14 cm vom unteren Stoffrand entfernt sein. Beachten Sie auch, dass an der offenen Seite noch die Nahtzugabe wegfällt. Nähen Sie die einzelnen Motive mit Zick-Zack- oder Applikationsstich fest.

Das Werkstück wenden. Die Seiten- und die Bodennaht schließen. Dann den Beutel wenden und bügeln. Der Beutel kann jetzt gefüllt werden. Anschließend mit Satinband zubinden. Der Bast wird um die Hand gewickelt und dann in der Schleife mit festgebunden. Als letztes die Enden des Satinbandes zurechtschneiden.

Dinkelkissen „Blüten"

Schwierigkeitsgrad: ✱✱
Größe: 29 cm x 29 cm

Das wird gebraucht:

- 0,25 m naturweißer Unistoff (P 1514/00)
- 0,35 m Streifenstoff (W 9344/51)
- Rest heller Karostoff (W 9346/00)
- Rest dunkler großer Karostoff (W 9345/00)
- Rest dunkler feiner Karostoff (W 9343/00)
- Rest grüner Unistoff (W 9770/50)
- Rest Vliesofix
- Naturweißes Nähgarn
- Grünes Nähgarn
- Blaues Nähgarn
- Schablonenmaterial
- Kissenfüllung mit Dinkel, ca. 30 cm x 30 cm

So wird es gemacht:

Für das Innenfeld der Vorderseite ein Quadrat von 20 cm x 20 cm + Nahtzugabe zuschneiden. Aus dem Streifenstoff Streifen mit schräger Ecke zuschneiden *(siehe auch Lehrgang auf Seite 55)*: Breite 4,5 cm + Nahtzugabe, Länge 29 cm + Nahtzugabe. Die Streifen an das Quadrat nähen.

Mit Hilfe der Schablonen 3 Blütenmotive, 4 Blätter und einen Topf auf Vliesofix übertragen *(Abb. 9 im Vorlagenteil)* und grob ausschneiden. Die Blütenköpfe auf das helle Karo, die Blütenfüllungen auf das dunkle, feine Karo, den Topf auf das dunkle, große Karo und die Blätter auf den grünen Stoff aufbügeln. Achten Sie darauf, dass die Motive diagonal zum Karo liegen. Die Motive genau ausschneiden.

Die Motive auf der Vorderseite positionieren (siehe Abb. 9 im Vorlagenteil), aufbügeln und mit Zick-Zack- oder Applikationsstich festnähen.

Für die Rückseite aus dem Streifenstoff 2 Rechtecke von 29 cm + Nahtzugabe in der Breite und 21 cm + Nahtzugabe in der Höhe zuschneiden. Jeweils eine lange Seite säumen.

Für die Rückseite mit Hotelverschluss wird eines der Rechtecke rechts auf rechts auf die Vorderseite gesteckt. Die ungesäumte lange Seite liegt genau auf der oberen Kissenseite, die gesäumte Seite zeigt nach unten. Das andere Rechteck wird gegengleich festgesteckt. Das Kissen rundum absteppen und wenden.

Wohnen mit
Naturflair

Gemütlichkeit in den Farben der Natur

Kissen mit Efeu-Applikation

Schwierigkeitsgrad: ✳
Größe: 40 cm x 40 cm

Das wird gebraucht:

- 1,00 m Streifenstoff (P 9299/50)
- 0,10 m Karostoff (P 9792/00)
- 0,10 m Vliesofix
- Blaues Nähgarn

So wird es gemacht:

Für jedes Kissen einen Stoffstreifen in der Breite 41,5 cm und der Länge 100 cm (Nahtzugabe bereits enthalten) zuschneiden. Schmale Seiten säumen, lange Seiten versäubern.

6 große und 10 kleine Blätter zum Applizieren vorbereiten (siehe auch *Abb. 10 im Vorlagenteil* und die Anleitung der Kuscheldecke „Efeu" auf dieser Seite).

Auf der Vorderseite der Stoffstreifen je ein Quadrat von 40 cm x 40 cm markieren, der Abstand vom unteren Rand beträgt 27 cm. Blätter anordnen (siehe auch Foto) und applizieren.

Für die Rückseite den Stoff oberhalb des markierten Quadrates nach unten falten und feststecken, den Stoff unterhalb des Quadrates nach oben falten und feststecken. Die rechte Seite ist innen. Die Seitennähte schließen. Nun die Kissenhülle wenden.

Kuscheldecke „Efeu"

Schwierigkeitsgrad: ✳✳
Größe: 185 cm x 125 cm

Das wird gebraucht:

Die Anzahl der benötigten Quadrate steht in Klammern hinter der jeweiligen Stoffmengenangabe. Die Zahl vor der Stoffmengenangabe bezeichnet im weiteren den Stoff.

1 • 0,50 m (10) feiner Streifenstoff (P 9299/50)
2 • 0,50 m (5) kleiner Karostoff (P 9792/00)
3 • 0,50 m (14) großer Karostoff (P 5212/01)
4 • 0,25 m (7) heller Karostoff (P 9787/00)
5 • 0,25 m (4) heller Streifenstoff (P 9787/50)
6 • 0,25 m (7) dunkler Streifenstoff (P 9792/51)
7 • 0,25 m (3) heller Streifenstoff (P 9792/50)
8 • 0,25 m (4) feiner dunkler Streifenstoff (P 9298/50)
- 2,20 m dunkelblauer Plüsch (1807/90)
- 2,10 m Volumenvlies, 150 cm breit
- 0,40 m Vliesofix
- Dunkelblaues Nähgarn

So wird es gemacht:

Aus den Stoffen werden Quadrate mit der Kantenlänge 21 cm x 21 cm (Nahtzugabe bereits enthalten) geschnitten.

15 große und 20 kleine Blattmotive *(siehe Abb. 10 im Vorlagenteil)* mit Schablone auf Vliesofix übertragen und grob ausschneiden. Die Motive auf Stoff 2 aufbügeln. Achten Sie darauf, dass die Motive diagonal im Karo liegen. Die Motive genau ausschneiden.

Die Motive werden auf den Quadraten aus Stoff 1 je 5 x angeordnet (siehe auch rechtes

Foto), aufgebügelt und mit Zick-Zack- oder Applikationsstich festgenäht.

Die Quadrate werden zusammengenäht. Nähen Sie am besten erst Streifen und dann diese Streifen aneinander. Die Anordnung der Stoffe ist im Raster *(Abb. 11 im Vorlagenteil)* vorgegeben.

Jetzt kommt das Wattieren: Dafür den blauen Plüsch glatt auslegen, rechte Seite nach unten.

Darauf kommt das Volumenvlies und zuoberst die Vorderseite, rechte Seite nach oben. Achten Sie darauf, dass das Volumenvlies rundum ca. 3 cm unter der Oberseite vorsteht und die Rückseite rundum ca. 5 cm unter dem Vlies vorsteht.

Mit großen Heftstichen werden die Lagen aneinandergenäht, damit sie beim Weiterarbeiten nicht verrutschen.

Bei Bedarf die Ränder begradigen.

Die Rückseite 1 cm einschlagen, um das Vlies nach oben schlagen, auf der Oberseite feststecken und absteppen. Stellen Sie dafür Strichlänge 4 ein.

Die einzelnen Quadrate in der Naht absteppen. Stellen Sie dafür Stichlänge 3,5 - 4 ein.

Harmonie bis ins Detail

Kissen „Efeu" mit Plüsch

Schwierigkeitsgrad: ✱
Größe: 40 cm x 40 cm

Das wird gebraucht:

- 0,35 m dunkelblauer Plüsch (1807/90)
- 0,45 m gestreifter Stoff (P 9792/51)
- 0,45 m dunkelblauer Unistoff (W 9771/50)
- Blaues Nähgarn

So wird es gemacht:

Aus dem dunkelblauen Plüsch ein Quadrat 30 cm x 30 cm + Nahtzugabe zuschneiden. Aus dem gestreiften Stoff 4 Randstreifen mit schräger Ecke zuschneiden *(siehe auch Lehrgang auf Seite 55)*: Breite 5 cm + Nahtzugabe, Länge 40 cm + Nahtzugabe.

Die Streifen an das Quadrat nähen und die schrägen Ecken schließen.
Für die Rückseite aus dem blauen Stoff 2 Rechtecke mit der Breite 40 cm + Nahtzugabe und der Höhe 25 cm + Nahtzugabe zuschneiden. Jeweils eine lange Seite säumen.

Vorderseite und Rückseiten rechts auf rechts legen. Die Rückseiten werden so auf die Vorderseite gelegt, dass sich die gesäumten Seiten in der Mitte überlappen. Ringsum feststecken, festnähen und versäubern. Den Bezug wenden.

Albumhülle „Efeu"

Schwierigkeitsgrad: ✱✱✱
Größe: 30 cm x 30 cm

Das wird gebraucht:

- 0,70 m dunkelblauer Unistoff (W 9771/50)
- 0,10 m Karostoff (P 9792/00)
- 0,10 m Vliesofix
- 0,35 m Volumenvlies, 90 cm breit
- Blaues Nähgarn

So wird es gemacht:

2 große und 8 kleine Blätter zum Applizieren vorbereiten. (Siehe auch *Abb. 10 im Vorlagenteil* und die Arbeitsanleitung der Kuscheldecke „Efeu" auf Seite 32/33).
Aus dem blauen Stoff ein Rechteck mit der Höhe 63 cm und der Breite 86 cm (Nahtzugabe bereits enthalten) zuschneiden. Blätter unten rechts anordnen (siehe Foto auf der rechten Seite) und applizieren, dabei 5 cm vom unteren Rand und 15 cm vom rechten Rand frei lassen.

Der Stoff wird jetzt in der Höhe genau in der Mitte gefaltet, rechte Seite nach außen. Der entstandene Stoffbruch bildet die obere Kante der Albumhülle. Der Stoffbruch wird festgebügelt.

Aus dem Volumenvlies ein Rechteck in der Höhe 29 cm und der Breite 66 cm zuschneiden. Das Vlies mittig in den Stoffbruch legen. Der offene Rand unten wird nun geschlossen. Dafür wird der untere Stoff über das Volumenvlies nach innen gefaltet, der obere dagegen und dann alle Lagen festgesteckt.

Als Nächstes werden die Schmalseiten abgekurbelt, 1 cm nach hinten gefaltet und festgesteppt. Die Schmalseiten werden 7,5 cm nach hinten gefaltet und oben und unten festgesteckt. Jetzt wird der obere und untere Rand knappkantig abgesteppt.

Den Herbst genießen

Mit den Früchten der Sonne Feste feiern

Kürbis-Tablett

Schwierigkeitsgrad: *
Größe: 45 cm x 30 cm

Das wird gebraucht:

- 1 Holztablett, 45 cm x 30 cm
- 59 ml Patio Paint Artischocke
- 59 ml Patio Paint farblos
- 0,15 m feiner Streifenstoff (P 9331/50)
- Feines Schleifpapier
- Roter Allesmarker
- Grüner Allesmarker

So wird es gemacht:

Tablett falls nötig schleifen und 1 x grün
streichen. Die Farbe gut durchtrocknen
lassen und danach noch 1 x grün überstreichen.

Das Kürbismotiv (Abb. 15 im Vorlagenteil)
2 x samt Stiel auf den gestreiften Stoff übertragen und genau ausschneiden.

Das Tablett farblos streichen. Auf den noch
feuchten Untergrund die Kürbismotive legen
und erneut farblos überstreichen.

Nach zwei weiteren farblosen Anstrichen
das Tablett mit feinem Schleifpapier leicht
schleifen und auf den sauberen Untergrund
einen weiteren farblosen Anstrich aufbringen.
Anschließend mit Allesmarker die roten und
grünen Linien auf den Kürbis zeichnen.

Tischdecke „Kürbis"

Schwierigkeitsgrad: ***
Größe: 102 cm x 102 cm

Das wird gebraucht:

- 0,90 m Karostoff (P 9316/01)
- 1,10 m breiter Streifenstoff (P 9308/50)

- 0,15 m feiner Streifenstoff (P 9331 /50)
- 0,20 m grüner Unistoff (W 9770/50)
- 1,10 m roter Unistoff (W 9491/50)
- 0,40 m Vliesofix
- Rotes Nähgarn
- Grünes Nähgarn
- Orangefarbenes Nähgarn
- Grünes Stickgarn
- Schablonenmaterial
- Phantomstift

So wird es gemacht:

Aus dem Karostoff ein Quadrat 85,5 cm
(+ Nahtzugabe) x 85,5 cm (+ Nahtzugabe)
zuschneiden. Vier Randstreifen mit schrägen
Ecken in der Breite 8,5 cm + Nahtzugabe
und der Länge 102,5 cm + Nahtzugabe
zuschneiden. Die Ränder an das Quadrat
nähen.

Mit den Schablonen 4 Kürbisse *(Abb. 12
im Vorlagenteil)*, 4 Kürbisstiele *(Abb. 12
im Vorlagenteil)* und 4 Blätter *(Abb. 13
im Vorlagenteil)* auf Vliesofix übertragen

und grob ausschneiden. Die Kürbisse auf
den fein gestreiften Stoff, die Stiele und
Blätter auf den grünen Stoff aufbügeln.
Alle Motive genau ausschneiden.
Die Motive als Kreis auf dem vorbereiteten
Karofeld anordnen. Mit Phantomstift die
Blattadern und Streifen auf den Kürbissen
aufzeichnen, aufbügeln und mit Zick-Zack-
oder Applikationsstich nachnähen.
Anschließend die Konturen der Applikationen
auf gleiche Weise nachnähen.

Mit Phantomstift die Ranken an die Kürbisse
malen und mit Stielstich nachsticken.

Die Decke und den roten Stoff gut bügeln,
rechts auf rechts glatt übereinander legen,
am Rand feststecken und füßchenbreit
rundum zusammensteppen. Zum Wenden
eine Öffnung von ca. 15 cm lassen.

Decke wenden, gut bügeln, den Rand knappkantig absteppen, dabei die Öffnung schließen. Anschließend auch die Naht um das
Innenfeld absteppen, diese vorher mit einigen
Stecknadeln vor dem Verrutschen sichern.

Kürbis & Co. – immer wieder neu

Kürbis-Dachziegel

Schwierigkeitsgrad: ✳

Das wird gebraucht:

- 1 Biberschwanzziegel
- Rest Streifenstoff (P 9331/50)
- Rest grüner Unistoff (W 9770/50)
- Grüner Allesmarker
- 59 ml Patio Paint Rot
- 59 ml Patio Paint farblos
- Feines Schleifpapier
- Schablonenmaterial

So wird es gemacht:

Den sauberen Ziegel rot grundieren. Die Farbe des Ziegels kann ruhig noch durchschimmern. Das Kürbismotiv *(Abb. 15 im Vorlagenteil)* mit Hilfe einer Schablone auf den gestreiften und grünen Stoff übertragen und genau ausschneiden.

Den Ziegel farblos streichen. Auf den feuchten Untergrund das Stoffmotiv legen *(siehe auch Foto auf Seite 41)* und farblos überstreichen. Nach dem Trocknen den farblosen Anstrich wiederholen.

Soll die Oberfläche schön glatt werden, muss sie nochmal farblos gestrichen werden und nach dem Trocknen vorsichtig mit feinem Sandpapier geschliffen werden. Danach wird die saubere Oberfläche erneut farblos gestrichen.

Servietten „Kürbis"

Schwierigkeitsgrad: ✳✳
Größe: 41 cm x 41 cm

Das wird gebraucht:

Material für 6 Servietten:
- 0,70 m orangefarbener Unistoff (P 9347/50)
- 0,45 m feiner Streifenstoff (P 9316/50)
- 0,90 m roter Unistoff (W 9491/50)
- Rotes Nähgarn
- Orangefarbenes Nähgarn
- Phantomstift
- Schablonenmaterial
- Roter Sticktwist
- Grüner Sticktwist

So wird es gemacht:

Für jede Serviette aus dem orangefarbenen Stoff ein Quadrat von 30 cm + Nahtzugabe x 30 cm + Nahtzugabe zuschneiden. Für den Rand aus dem fein gestreiften Stoff jeweils vier Streifen mit schräger Ecke in (siehe auch Lehrgang auf Seite 55) der Breite 5,5 cm + Nahtzugabe und der Länge 41 cm + Nahtzugabe zuschneiden. Die Streifen an das Quadrat nähen.

Mit Schablone und Phantomstift das Stickmotiv *(Abb. 14 im Vorlagenteil)* in eine Ecke des orangefarbenen Quadrates zeichnen. Das Motiv im Stielstich mit dreifädigem Garn in grün und rot nachsticken.

Die fertigen Vorderseiten der Servietten gut bügeln und mit rotem Stoff verstürzen (siehe auch Tischdecke „Kürbis" auf Seite 39).

Eine bärenstarke
Kinderwelt

Komm kleiner Kuschelbär!

Spieluhr „Eisbär"

Schwierigkeitsgrad: ✻✻✻
Größe: Ø 23 cm

Das wird gebraucht:

- 0,25 m Karostoff (W 9533/01)
- Rest weißer Plüsch (1807/95)
- Rest roter Pünktchenplüsch (1807/052)
- Blauer Sticktwist
- Schwarzer Sticktwist
- Roter Sticktwist
- Weißes Nähgarn
- Weißes Handquiltgarn
- 0,32 m weißes Satinband, 25 mm breit
- Bastelwatte
- Reststreifen Volumenvlies
- 1 Spieluhrwerk

So wird es gemacht:

Aus dem Karostoff zwei Kreise mit dem Durchmesser 25 cm (Nahtzugabe enthalten) zuschneiden.

1 Eisbär und 3 Schneebälle *(Abb. 17 im Vorlagenteil)* auf einen der Kreise applizieren (siehe auch Schmusedecke „Eisbär" auf dieser Seite)

Die beiden Kreise rechts auf rechts aufeinander legen und rundum mit ca. 1 cm Nahtzugabe zusammennähen. Dabei wird oben das zur Schlaufe gelegte Satinband mit festgenäht. Die Schlaufe muss zwischen den Stofflagen sein und das offene Ende in die Nahtzugabe hineinreichen. Unten bleibt eine Öffnung von ca. 10 cm zum Wenden und Füllen.

Bezug wenden und zu 2/3 mit Bastelwatte ausstopfen. Das Uhrwerk fest mit mehreren Streifen Volumenvlies umwickeln, dabei darauf achten, dass die Aufziehschnur nicht blockiert wird. Das umwickelte Uhrwerk in den Bezug stecken und gut mit Bastelwatte umstopfen. Wenn der ganze Bezug gleichmäßig ausgestopft ist, wird die Öffnung mit

Saumstich *(siehe auch Lehrgang auf S. 55)* geschlossen. Die Schnur der Spieluhr muss unten in der Mitte heraushängen.

Schmusedecke „Eisbär"

Schwierigkeitsgrad: ✻✻✻
Größe: 158 cm x 108 cm

Das wird gebraucht:

- 1,00 m Karostoff (W 9533/01)
- 1,70 m Streifenstoff (W 9533/50)
- 0,10 m roter Pünktchenplüsch (1807/052)
- 0,35 m weißer Plüsch (1807/95)
- 1,80 m blauer Schneeflockenplüsch (1807/061)
- 1,80 m Volumenvlies, 150 cm breit
- Schwarzer Sticktwist
- Blauer Sticktwist
- Roter Sticktwist
- Weißes Nähgarn
- Rotes Nähgarn
- Blaues Nähgarn
- Weißes Quiltgarn
- Schablonenmaterial
- Phantomstift

So wird es gemacht:

Das Bärenmotiv *(Abb. 16 im Vorlagenteil)* mit Hilfe einer Schablone und dem Phantomstift auf die rechte Seite des weißen Plüsches zeichnen und mit Nahtzugabe ausschneiden.

Auf dem Karostoff ein Rechteck mit der Höhe 143 cm und der Breite 94 cm markieren. Den Eisbär in der oberen Hälfte positionieren. Die Nahtzugabe einschlagen und das Motiv feststecken. Die Nadeln müssen sehr eng gesteckt werden. Wenn Spannung in den Stoff kommt, muss die Nahtzugabe eingeschnitten werden.
Das Motiv mit unsichtbaren Saumstichen applizieren *(siehe auch Lehrgang S. 55)*.

Als Nächstes den Schal *(Abb. 16 im Vorlagenteil)* aus rotem Pünktchenplüsch in gleicher Weise applizieren. Mit Phantomstift die zusätzlichen Konturen aufzeichnen und mit dreifädigem Sticktwist nachsticken. Augen, Nase und Mund werden schwarz gestickt, die übrigen Konturen blau. Augen und Nase werden mit Plattstich ausgefüllt, evtl. mit Stielstich umrandet, die übrigen Linien werden mit Stielstich nachgestickt. Die Schalfransen mit rotem Sticktwist sticken.

Für die Schneebälle 10 Kreise *(Abb. 16 im Vorlagenteil)* mit Nahtzugabe aus weißem Plüsch und 10 Kreise aus festem Karton (z.B. Rückseite eines Zeichenblocks) ausschneiden. Einen Heftfaden mit kleinen Vorstichen durch die Nahtzugabe ziehen. Die Pappe auf die linke Stoffseite legen, Stoff mit dem Heftfaden um die Pappe ziehen, Faden

festnähen und Stoff feucht bügeln. Nach dem Auskühlen den Faden vorsichtig entfernen und die Pappe herausnehmen. Die Nahtzugabe ist jetzt perfekt nach hinten gebügelt. Die Schneebälle unregelmäßig um den Eisbär verteilen und mit der Hand applizieren. Das Rechteck mit Nahtzugabe zuschneiden.

Für den Rand aus dem Streifenstoff Streifen mit schrägen Ecken in der Breite 6 cm + Nahtzugabe zuschneiden: 2 Streifen in der Länge 155 cm + Nahtzugabe und 2 Streifen in der Länge 106 cm + Nahtzugabe. Die Streifen an das Rechteck nähen.

Für das Wattieren blauen Plüsch mit der rechten Seite nach unten glatt auslegen, darauf das Volumenvlies, darauf die Oberseite mit der rechten Seite nach oben. Achten Sie darauf, dass alle Lagen glatt liegen. Das

Volumenvlies sollte rundum 2 cm unter der Oberseite vorschauen, die Rückseite rundum 4 cm unter dem Volumenvlies vorschauen. Alle Lagen mit großen Heftstichen zusammennähen und so vor dem Verrutschen sichern.

Den blauen Plüsch 1 cm einschlagen, dann über das Volumenvlies nach oben falten, auf der Oberseite feststecken und feststeppen. Benutzen Sie dabei eine Stichlänge von 3,5 - 4. Die innere Randnaht wird ebenfalls nachgesteppt. Die Schneebälle und der Eisbär werden mit kleinen Vorstichen mit Quiltgarn durch alle 3 Lagen umnäht.
Nun wird mit großen, unregelmäßigen Bögen mit der Maschine, Stichlänge 3,5 - 4, zwischen den Schneebällen hindurch und um den Eisbär herum hin und her gesteppt. Dadurch bekommt die Decke zusätzliche Stabilität. Als Letztes werden die Heftfäden entfernt.

Kinderglück zum Mitwachsen

Schmusekissen „Eisbär"

Schwierigkeitsgrad: ✱✱
Größe: 80 cm x 80 cm

Das wird gebraucht:

- 1,80 m Streifenstoff (W 9533/50)
- 0,35 m weißer Plüsch (1809/95)
- 0,10 m roter Pünktchenplüsch (1807/052)
- Blauer Sticktwist
- Schwarzer Sticktwist
- Roter Sticktwist
- Weißes Nähgarn
- Rotes Nähgarn

So wird es gemacht:

Aus dem Streifenstoff ein Rechteck mit der Breite 81,5 cm (Nahtzugabe bereits enthalten) und der Länge 180 cm (Nahtzugabe bereits enthalten) zuschneiden. Kurze Seiten säumen, lange Seiten mit Zick-Zack-Stich versäubern.

Die Vorderseite von 80 cm x 80 cm markieren: 40 cm vom unteren Rand der Stoffbahn entfernt. Applikationsmotiv *(Abb. 16 im Vorlagenteil)* vorbereiten und applizieren (siehe auch Schmusedecke „Eisbär" auf Seite 45).

Zum Zusammennähen der Kissenhülle erst den Stoff oberhalb der markierten Vorderseite nach vorne schlagen und feststecken. Die rechte Seite ist innen. Den Stoff unterhalb der markierten Vorderseite nach vorne schlagen und feststecken. Jetzt können die Seitennähte geschlossen werden. Die Kissenhülle wenden.

Messtafel „Eisbär"

Schwierigkeitsgrad: ✱✱
Größe: 80 cm x 24 cm

Das wird gebraucht:

- 0,55 m karierter Stoff (W 9533/01)
- 0,25 m weißer Plüsch (1807/95)
- 0,10 m roter Pünktchenplüsch (1807/052)
- Schwarzes Stickgarn
- Blauer Sticktwist
- Roter Sticktwist
- Weißes Nähgarn
- Rotes Nähgarn
- Phantomstift
- Schablonenmaterial
- Spanplatte, 0,75 m x 0,24 m x 4 mm
- Rest rote Pappe
- Broschenanstecknadel

So wird es gemacht:

Aus dem karierten Stoff wird ein Rechteck von 50,5 cm in der Breite und 85 cm in der Höhe (Nahtzugabe bereits enthalten) zugeschnitten. Die Ränder werden rundum mit Zick-Zack-Stich versäubert.

Der Eisbär *(Abb. 18 im Vorlagenteil)* wird mittig 7,5 cm vom unteren Rand entfernt appliziert (siehe auch Kuscheldecke „Eisbär" auf Seite 45).
Die langen Seiten werden rechts auf rechts gelegt, zusammengenäht und die Naht auseinander gestrichen. Die untere Seite des so entstandenen Schlauches zusammennähen. Achten Sie darauf, dass der Eisbär vorne in der Mitte ist. Das Arbeitsstück wenden.

Die Spanplatte einschieben. Am oberen Rand wird der Stoff so nach hinten gefaltet, dass ein 3 cm breiter Schlauch für die Aufhängung entsteht. Den Schlauch festnähen.

Am linken Rand werden mit Phantomstift die Maßeinheiten und Zahlen aufgetragen und mit dreifädigem schwarzen Stickgarn nachgestickt.

Aus der roten Pappe wird der Pfeil *(Abb. 19 im Vorlagenteil)* ausgeschnitten. Auf die Rückseite wird die Broschennadel geklebt.

Stimmungsvolles
Weihnachtsfest

Sich die Sterne vom Himmel holen

Kranz „Stern"

Schwierigkeitsgrad: ✱
Größe: Ø 30 cm

Das wird gebraucht:

• Waldrebenkranz; 30 cm
• 3 m Dekoband
• 1 Dekostern
• Lange Zimtstangen
• Kurze Zimtstangen
• Orangenscheiben
• Kokosblüten
• Bouillondraht in Gold
• 4 Kerzen

So wird es gemacht:

Den Kranz mit Dekoband umwinden. Ein Enden des Bandes zu einer großen Schleife binden. Auf der anderen Seite des Kranzes eine weitere Schleife binden.

Aus den Zimtstangen mit Bouillondraht kleine Bündel binden. Einen Dekostern (Anleitung siehe unten) nähen. Die einzelnen Dekorationselemente auf dem Kranz anordnen. Anschließend in der gewünschten Reihenfolge neben den Kranz legen und jeweils einzeln mit Bouillondraht auf den Kranz binden.

Dekostern

Schwierigkeitsgrad: ✱
Größe: ca 16 cm

Das wird gebraucht:

• 0,20 m natur-goldener Stoff (1050/55)
• Naturfarbenes Nähgarn
• Bastelwatte
• Schablonenmaterial

So wird es gemacht:

Sternmotiv *(Abb. 21 im Vorlagenteil)* mit Hilfe einer Schablone auf die linke Stoffseite zeichnen und grob ausschneiden.

Das ausgeschnittene Motiv rechts auf rechts auf den Stoff legen, feststecken und entlang der aufgezeichneten Linie feststeppen. Dabei eine kleine Öffnung zum Wenden lassen.

Das Motiv mit ca. 3 mm Nahtzugabe ausschneiden, wenden, mit Bastelwatte weich ausstopfen und die Öffnung mit Saumstich schließen.
Der Rand kann knappkantig abgesteppt werden (siehe auch Foto).

Weihnachtsbaumdecke „Sterne"

Schwierigkeitsgrad: ✱✱
Größe: 120 cm x 120 cm

Das wird gebraucht:

• 1,20 m blau-goldener Stoff (1050/020)
• 1,25 m dunkelblauer Unistoff (1400/100)
• 0,20 m natur-goldener Stoff (1050/55)
• 0,40 m Vliesofix
• 1,25 m Volumenvlies, 150 cm breit
• Blaues Nähgarn
• Naturfarbenes Nähgarn
• Schablonenmaterial

So wird es gemacht:

Die Stofflagen zuschneiden: Oberstoff 120 cm x 120 cm (Nahtzugabe bereits enthalten), Rückseite und Volumenvlies etwas größer, nämlich 125 cm x 125 cm (Nahtzugabe bereits enthalten) zuschneiden.

Lagen wie folgt aufeinanderlegen: Erst das Vlies, darauf die Rückseite und darauf die Oberseite mit der rechten Seite nach unten. Die Lagen rundherum zusammenstecken.

Den Mittelpunkt markieren, mit Hilfe einer Schablone einen Kreis von ca. 11 cm Durchmesser um den Mittelpunkt markieren.

Eine Linie vom Mittelpunkt zu einer Außenkante, der späteren Rückseite, ziehen. Diese Linie und den Kreis mit Heftstichen durch alle drei Lagen fixieren. Linie und Kreis werden später für die Tannenbaumöffnung aufgeschnitten.

Mit dem Zusammennähen wird an der Vorderseite begonnen und dort auch eine Öffnung von ca. 20 cm zum Wenden gelassen. Es wird rundum mit einer Nahtzugabe von 0,7 cm (füßchenbreit) genäht, bis 0,7 cm an die Linie für den Schlitz heran. Jetzt füßchenbreit neben der Linie hoch bis zum Kreis nähen, dann auf dem Kreis entlang und füßchenbreit neben der Linie wieder

zum Rand und weiter rundum zur Vorderseite zusammennähen.

Die Seitenränder, falls nötig, gerade schneiden, Schlitz aufschneiden, Kreis mit Nahtzugabe 0,7 cm (füßchenbreit) ausschneiden; das Arbeitsstück wenden und am Rand knappkantig absteppen. Dabei die Öffnung an der Vorderseite schließen.

Das Sternenmotiv *(Abb. 21 im Vorlagenteil)* mit Schablone 13 x auf Vliesofix übertragen auf den natur-goldenen Stoff aufbügeln und genau ausschneiden. Die Sterne kreisförmig auf der Decke anordnen, aufbügeln und mit Zick-Zack- oder Applikationsstich festnähen.

Schöne Adventszeit

Anhänger „Stern"

Schwierigkeitsgrad: ✳
Größe: 10 cm x 8 cm

Das wird gebraucht:

Material für 10 Anhänger:
- 0,10 m blau-goldener Stoff (1050/020)
- 0,10 m natur-goldener Stoff (1050/55)
- 0,10 m Vliesofix
- Bastelwatte
- 1,60 m blaues Satinband, 6 mm breit
- Blaues Nähgarn
- Naturfarbenes Nähgarn
- Bouillondraht
- 10 Glöckchen oder Quasten

So wird es gemacht:

Aus dem blauen Stoff 10 Quadrate *(Abb. 22 im Vorlagenteil)* mit Nahtzugabe zuschneiden, mit dem blauem Stoff verstürzen, dabei 16 cm Satinband zur Schlaufe legen und als Aufhänger an einer Ecke mit festnähen. Die Schlaufe muss zwischen den Stofflagen liegen und die offene Seite in die Nahtzugabe reichen. Zum Wenden muss an einer Seite eine kleine Öffnung bleiben.

Den Anhänger wenden, eine stumpfe Schere ist hierbei hilfreich. Den Anhänger mit etwas Bastelwatte füllen und rundum knappkantig absteppen.

Das Sternenmotiv *(Abb. 20 im Vorlagenteil)* applizieren (siehe auch Adventskalender „Sterne" rechts)

Ca. 80 cm Bouillondraht um die Hand aufwickeln, in der Mitte so drehen, dass eine Schleife entsteht, die Drahtenden um die Mitte wickeln. Diese Drahtschleife auf die obere Spitze des Anhängers nähen. Glöckchen oder Quaste an die untere Spitze des Anhängers nähen.

Adventskalender „Sterne"

Schwierigkeitsgrad: ✳✳
Größe: 48 cm x 78 cm

Das wird gebraucht:

- 0,50 m blau-goldener Stoff (1050/020)
- 0,60 m dunkelblauer Unistoff (1400/100)
- 0,15 m natur-goldener Stoff (1050/55)
- 0,15 m Vliesofix
- 0,60 m Volumenvlies, 90 cm breit
- Blaues Nähgarn
- Naturfarbenes Nähgarn
- Messingfarbenes Nähgarn
- 24 Messinghohlringe, 16 mm Durchmesser

So wird es gemacht:

Aus dem blau-goldenen Stoff ein Rechteck 50 cm x 80 cm (Nahtzugabe bereits enthalten) zuschneiden.

Das Volumenvlies glatt auslegen, darauf den uni-blauen Stoff, darauf das vorbereitete Rechteck, rechte Seite nach unten, legen. Die Lagen zurechtschneiden. Lassen Sie den uni-blauen Stoff und das Volumenvlies etwas unter dem Oberstoff vorschauen. Die Lagen feststecken und mit ca. 1 cm Nahtzugabe zusammennähen. Dabei an einer langen Seite eine Öffnung von ca. 1 cm zum Wenden lassen.

Das Arbeitsstück wenden und rundum knappkantig absteppen. Dabei wird die Öffnung geschlossen.

Einen Mond und dreizehn kleine Sterne *(Abb. 20 im Vorlagenteil)* mit Schablonen auf Vliesofix übertragen, auf den natur-goldenen Stoff aufbügeln und genau ausschneiden.

Mond und Sterne in der oberen Hälfte des Adventskalenders verteilen, aufbügeln und mit Zick-Zack- oder Applikationsstich festnähen.

In der unteren Hälfte die Messinghohlringe festnähen. Als Aufhängung auf der Rückseite einen Schlauch aufnähen. Dafür aus dem blauen Stoff einen Streifen in der Breite 7,5 cm und der Länge 76 cm (Nahtzugabe bereits enthalten) zuschneiden. Die schmalen Seiten säumen. Den Streifen mit Saumstichen ca. 1 cm unterhalb des oberen Randes festnähen, dabei eine Nahtzugabe von ca. 0,7 cm nach innen schlagen. Die untere Seite des Schlauches auf gleiche Weise annähen.

Säckchen „Stern"

Schwierigkeitsgrad: ✳
Größe: 14 cm x 8,5 cm

Das wird gebraucht

Für 28 Stück:
• 0,60 m natur-goldener Stoff (1050/55)
• Naturfarbenes Nähgarn
• Band zum Zubinden

So wird es gemacht:

Den Stoff in zwei 30 cm breite Streifen schneiden und die langen Seiten säumen.

Die Streifen in 10 cm breite Stücke schneiden. Die Stücke so falten, dass die gesäumten Seiten die Beutelöffnung und der Stoffbruch den Beutelboden bilden.

Seitennähte schließen und mit Zick-Zack-Stich versäubern. Den Beutel wenden.

Grundkurs Nähen

Das brauchen Sie

1. Das Werkzeug

Scheren und anderes Zubehör

• Stoffschere
Eine gute Stoffschere erleichtert das Arbeiten. Mit ihr schneidet man schnell, gleichmäßig und genau. Mit einer Stoffschere sollte immer nur Stoff geschnitten werden, da sie sonst leicht stumpf oder schartig wird. Tipp: Vermeiden Sie auch das Schneiden von Polyestervlies. Davon wird die Schere rasch abgenutzt. Polyestervlies wird mit der Bastelschere geschnitten.

• Bastelschere
Für das Schneiden von Pappen, Folien u.ä. sollte eine Bastelschere bereitliegen. Mit ihr werden auch die auf Stoff aufgebügelten Vliesofixmotive ausgeschnitten.

• Rollschneider
Geübte schneiden mit dem Rollschneider fast alles. Wenn man Anfänger ist, kann man auch ohne ihn auskommen. Besonders gut lassen sich lange gerade Strecken schneiden. Für das Arbeiten mit dem Rollschneider braucht man eine spezielle Arbeitsunterlage und besondere Lineale (siehe auch „Lineale"). Ansonsten gilt für den Rollschneider das gleiche wie für die Scheren.

• Fadenschere
Die Fadenschere sollte klein, scharf und spitz sein. Gebraucht wird sie nur zum Abschneiden von Fäden und zum Auftrennen, wovor auch die geübteste Näherin nicht gefeit ist.

Stifte

• Phantomstift
Phantomstifte gibt es für helle und dunkle Stoffe. Sie sind besonders für Markierungen auf Vorderseiten nützlich, da sie nach einiger Zeit von selbst verschwinden. Auf einigen Stoffen verblassen sie schon nach wenigen Stunden, daher sollte man immer nur die Markierungen auftragen, die man auch gleich bearbeiten kann. Die Stifte sollten grundsätzlich auf einem Rest des Stoffes ausprobiert werden. Beachten Sie die Hinweise des Herstellers.

• Bleistift
Für Markierungen auf der linken Stoffseite haben sich Bleistifte bestens bewährt. Verwenden Sie einen weichen Bleistift (4B) und achten Sie darauf, dass er immer gut angespitzt ist.

• Buntstift
Auf dunklen Stoffen lassen sich Markierungen gut mit Buntstiften auftragen. Orange, Elfenbein und Rosa lassen sich besonders gut erkennen. Hier lohnt sich die Investition in einen Stift, der zum Aquarellieren geeignet ist. Diese Stifte sind etwas teurer, geben aber mehr Farbe ab als gewöhnliche Kinderbuntstifte. Die Markierungen werden gleichmäßiger und sind besser zu erkennen. Achten Sie darauf, dass der Stift immer spitz ist.

Lineale

• Schneiderdreieck
Zum Zeichnen von Schnittvorlagen ist u.a. ein Schneiderdreieck hilfreich. Es bietet eine lange gerade Kante, einen rechten Winkel und die Möglichkeiten des Kurvenzeichnens.

• Quilterlineal
Wenn Sie noch kein langes Lineal besitzen, sollten Sie sich die Quilterlineale genauer ansehen. Sie sind in verschiedenen Größen erhältlich. Ihre Unterseite ist bei guten Linealen gegen das Verrutschen auf dem Stoff gesichert. Sie sind durchsichtig, d.h. man weiß genau, wie sie auf dem Stoffmuster liegen. Inzwischen findet man sie in fast allen Nähmaschinen- und Handarbeitsgeschäften.

• Geodreieck
Geodreiecke sind besonders beim Zeichnen von Schablonenvorlagen nützlich. Es gibt sie in verschiedenen Größen, sie sind handlich und ermöglichen genaues Arbeiten. Man kann mit ihnen auch direkt auf dem Stoff zeichnen, z.B. um eine schräge Ecke zu markieren.

Schablonenmaterial

• Karton
Aus den Rückseiten von Zeichenblöcken u.ä. lassen sich gut Schablonen fertigen. Wenn man diese Schablonen häufig benutzt, werden die Ränder, besonders spitze Ecken, weich und lassen sich nicht mehr genau umfahren.

• Schablonenplastik
In Handarbeits- und Bastelgeschäften gibt es spezielles Schablonenmaterial aus Kunststoff. Es wird meist in einzelnen Bögen verkauft. Das Material ist transparent und formstabil. Geschnitten wird es mit einer Schere.

2. Das Material

Füllungen

• Polyestervlies
Polyestervliese eignen sich sehr gut zum Wattieren. Es gibt sie in verschiedenen Breiten und Dicken. Sie lassen sich leicht verarbeiten, sind waschbar und preiswert. Hochwertige Vliese zeichnen sich durch eine gleichmäßige Struktur und Formstabilität aus. Auch nach dem Waschen behalten sie ihr Volumen.

• Molton und Frottee
In besonderen Fällen sollte man zum Wattieren Frottee oder Molton verwenden, z.B. Topflappen. Diese Materialen können Hitze vertragen. Sie haben nicht so ein großes Volumen wie Polyestervlies. Man kann sie allerdings mehrlagig verarbeiten. Dadurch wird das Arbeitsstück fest und schwer.

• Bastelwatte
Zum Ausstopfen empfiehlt sich Bastelwatte. Sie läßt sich leicht verarbeiten, ist waschbar und preiswert. Im Handel ist sie in verschiedenen Packungsgrößen erhältlich.

Stoffe

• Karos und Streifen
Beim Verarbeiten von Karos und Streifen sollte man das Muster beachten. Diese Stoffe kommen am besten zur Wirkung, wenn man sich am Linienverlauf orientiert oder Diagonal dazu arbeitet. Dies sollte besonders beim Aufbügeln kleiner Motive beachtet werden.

• Unis
Die einfarbigen Stoffe ergänzen die gemusterten. Sie schaffen Kontraste, heben einzelne Farben hervor, dämpfen sie oder bringen die Farben der gemusterten Stoffe zum Leuchten. Die Wirkung eines gemusterten Stoffes kann ganz unterschiedlich sein, wenn man ihn mit verschiedenen Unis verarbeitet.

• Plüsche
Plüsche bestechen durch ihre kuschelige Anschmiegsamkeit. Daher sind sie im Bereich Kinderzimmer besonders gern gesehen, aber auch als Decke sehr angenehm. In der Verarbeitung sind sie anspruchsvoller als glatte Baumwollstoffe. Plüsche rollen sich am Rand immer ein. Daher sollte man die Nahtzugabe großzügiger als gewöhnlich bemessen, das erleichtert das Handhaben des Arbeitsstückes. Da Plüsche elastisch sind, sollte man sie vor dem Nähen immer gut fixieren, d.h. die Stecknadeln sehr dicht stecken. Bei der Nähmaschine sollten Sie mit einer Stichlänge von 4 arbeiten.

So wird es gemacht

1. Rand mit schräger Ecke *(Abb. 24)*

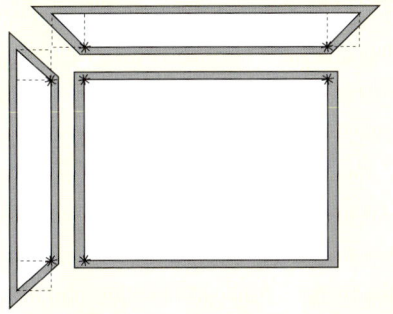

Zuschnitt der Randstreifen:
Die Länge der Streifen ergibt sich aus der Länge der Kanten des Innenfeldes + 2 x die Breite des Randstreifens + 2 x Nahtzugabe. Auf dem Streifen markiert man sich auf beiden Seiten die Nahtzugabe (in der Schemazeichnung grau) und die zugegebene Randbreite (in der Schemazeichnung gestrichelte Linien). Die Ecken werden dann diagonal (45° Winkel) abgeschnitten. Dabei muss die Nahtzugabe zugegeben werden. Die lange Seite des Streifens ist die Außenseite.

Annähen der Randstreifen:
Die Randstreifen werden genau von Eckpunkt zu Eckpunkt (in der Schemazeichnung mit Sternchen gekennzeichnet) genäht und dort jeweils vernäht. Die Nahtzugabe darf nicht mit festgenäht werden. Damit Sie nicht in die Nahtzugabe hinein nähen, hören Sie lieber einen Stich vor der Ecke auf. Anschließend werden die schrägen Ecken geschlossen. Dabei wird die äußere Nahtzugabe mit abgesteppt, die innere jedoch nicht. In der inneren Ecke (siehe die Sternchen in der Schemazeichnung) vernähen.

2. Crazy Patchwork *(Abb. 25)*

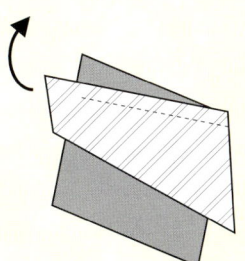

• Bei dieser Patchworkform wird eine Oberseite gestaltet, indem völlig unregelmäßige Stoffstücke so aneinander genäht werden, dass sich eine geschlossene Fläche ergibt. Dabei können Materialien und Farben willkürlich gemixt oder aber geordnet werden, so dass sich Muster, Farbverläufe o.ä. ergeben.

• Das zu benähende Feld wird auf dem Rückseitenstoff markiert und mit großzügiger Nahtzugabe ausgeschnitten. Zwei kleine Stoffstückchen werden rechts auf rechts aufeinander gelegt und an einer Kante auf dem Rückseitenstoff festgesteppt (siehe Abb. 25).

• Das obere Stoffstückchen wird hochgeklappt. So werden rundum immer weitere Stoffstückchen angelegt, festgenäht und hochgeklappt bis der gewünschte Untergrund bedeckt ist. Sollten Lücken entstehen, werden an diesen Stellen kleine Stoffstückchen appliziert.

• Beim traditionellen Crazy Patchwork werden die Nähte auf der Oberseite mit dekorativen Zierstichen nachgenäht. Zusätzlich können solche Arbeiten mit Perlen, Knöpfen, Spitzen usw. ausgestaltet werden.

3. Applikationen

Applikation mit der Hand *(Abb. 26)*

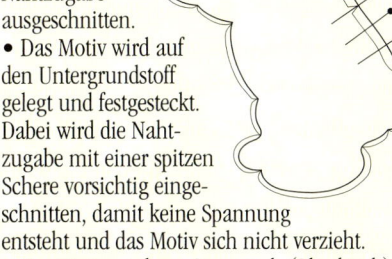

• Das Motiv wird mit Hilfe einer Schablone und einem selbstlöschenden Textilmarker auf die Vorderseite des Stoffes übertragen und mit ca. 0,5 cm Nahtzugabe ausgeschnitten.

• Das Motiv wird auf den Untergrundstoff gelegt und festgesteckt. Dabei wird die Nahtzugabe mit einer spitzen Schere vorsichtig eingeschnitten, damit keine Spannung entsteht und das Motiv sich nicht verzieht.

• Das Motiv wird mit Saumstich (Blindstich) festgenäht (siehe Lehrgang Saumstich).

Maschinenapplikation mit Vliesofix
Das Motiv wird mit Bleistift auf die Papierseite des Vliesofix übertragen. Man kann es einfach durchpausen oder mit Hilfe einer Schablone übertragen. Die Schablone empfiehlt sich besonders, wenn man ein Motiv mehrfach braucht. Bedenken Sie, dass das Motiv am Ende seitenverkehrt erscheint.

• Die Motive werden grob ausgeschnitten und auf die linke Stoffseite aufgebügelt. Nach dem Auskühlen werden die Motive exakt ausgeschnitten, das Papier abgezogen und die Motive an der gewünschten Stelle auf den Untergrundstoff aufgebügelt.

• Das Motiv wird mit engem Zick-Zack- oder Applikationsstich festgenäht.

4. Sticharten

Saumstich (Blindstich) *(Abb. 27)*

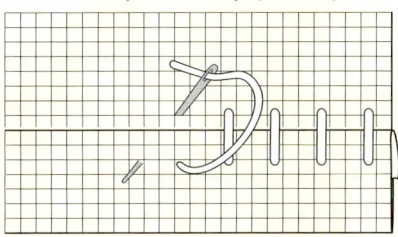

Er wird zum unsichtbaren Festnähen von Applikationen, Säumen u.ä. mit der Hand verwendet. Gearbeitet wird von rechts nach links. Der Abstand der einzelnen Stiche sollte 3 - 6 mm sein. Beim Austechen durch den Oberstoff sollten nur einzelne Fäden erfasst werden.

Stielstich *(Abb. 28)*

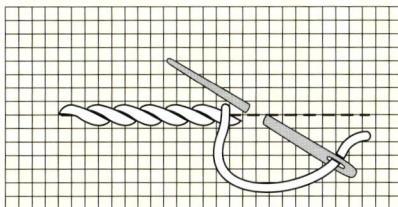

Er wird zum Sticken von Linien und Konturen verwendet und mit der Hand gestickt. Gearbeitet wird von links nach rechts. Eingestochen wird immer knapp unterhalb der Markierungslinien, ausgestochen knapp oberhalb der Markierungslinien. Der Faden des vorangegangenen Stiches liegt unterhalb des Austiches. Achten Sie darauf, dass Sie beim Austechen nicht den Faden des vorangegangenen Stiches durchstechen. Die Stichlänge richtet sich nach der Dicke von Stoff und Faden.

Plattstich *(Abb. 29)*

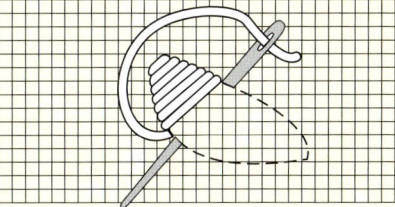

Der Plattstich ist ein Stickstich, der zum Ausfüllen kleinerer Flächen dient. Die einzelnen Stiche werden dicht an dicht nebeneinander gesetzt, so dass der Stoff vollkommen bedeckt wird. Die Stichlänge richtet sich dabei nach den Konturen des Motivs. Die Länge der Stiche sollte allerdings 1 cm nicht überschreiten.

Vorlagen

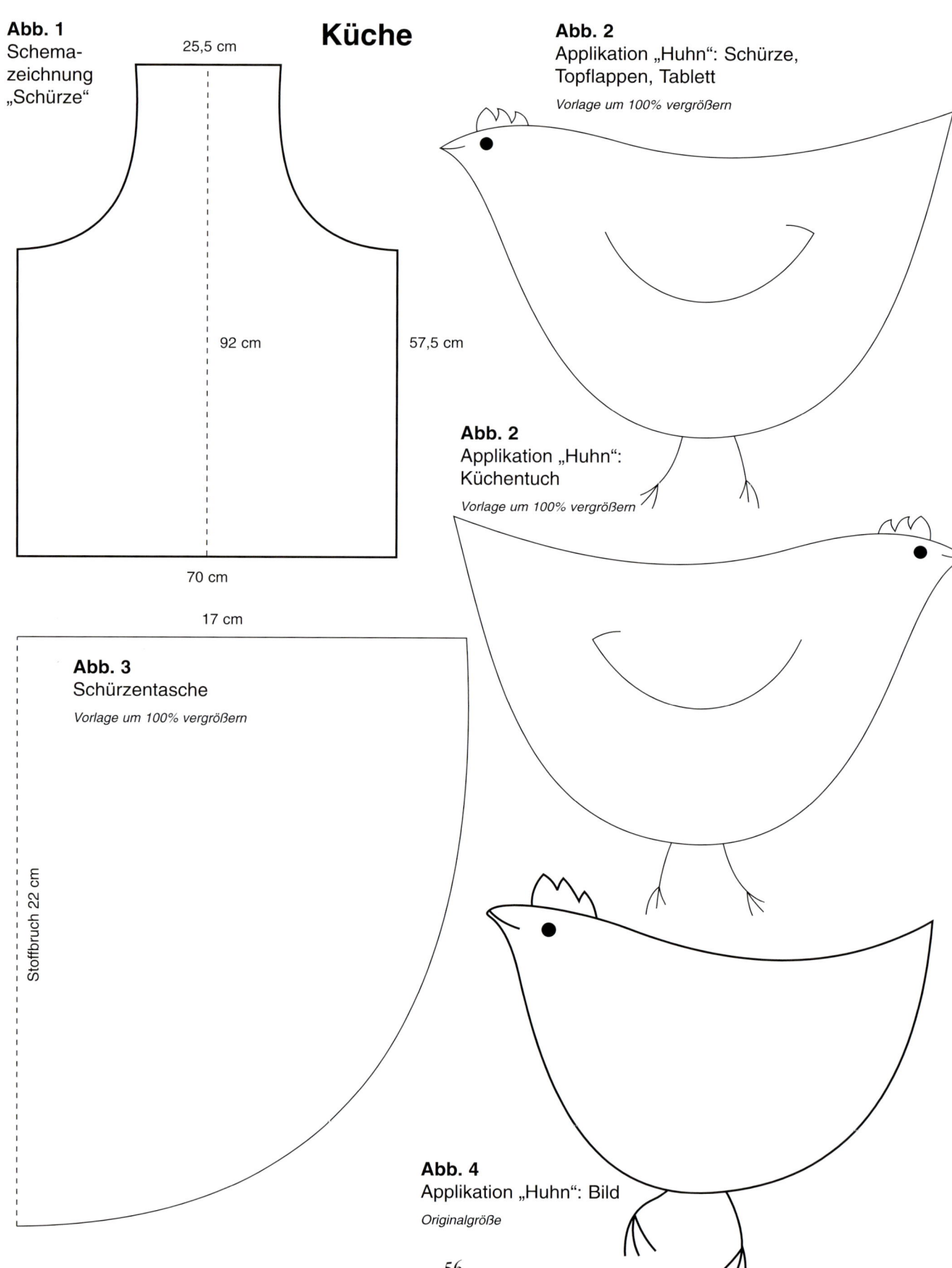

Abb. 1
Schema-
zeichnung
„Schürze"

Küche

25,5 cm

92 cm

57,5 cm

70 cm

Abb. 2
Applikation „Huhn": Schürze,
Topflappen, Tablett

Vorlage um 100% vergrößern

Abb. 2
Applikation „Huhn":
Küchentuch

Vorlage um 100% vergrößern

17 cm

Abb. 3
Schürzentasche

Vorlage um 100% vergrößern

Stoffbruch 22 cm

Abb. 4
Applikation „Huhn": Bild

Originalgröße

Abb. 5
Utensilo
„Sonnenblume"

Abb. 6
Pinnwand „Sonnenblume"

Ordnung

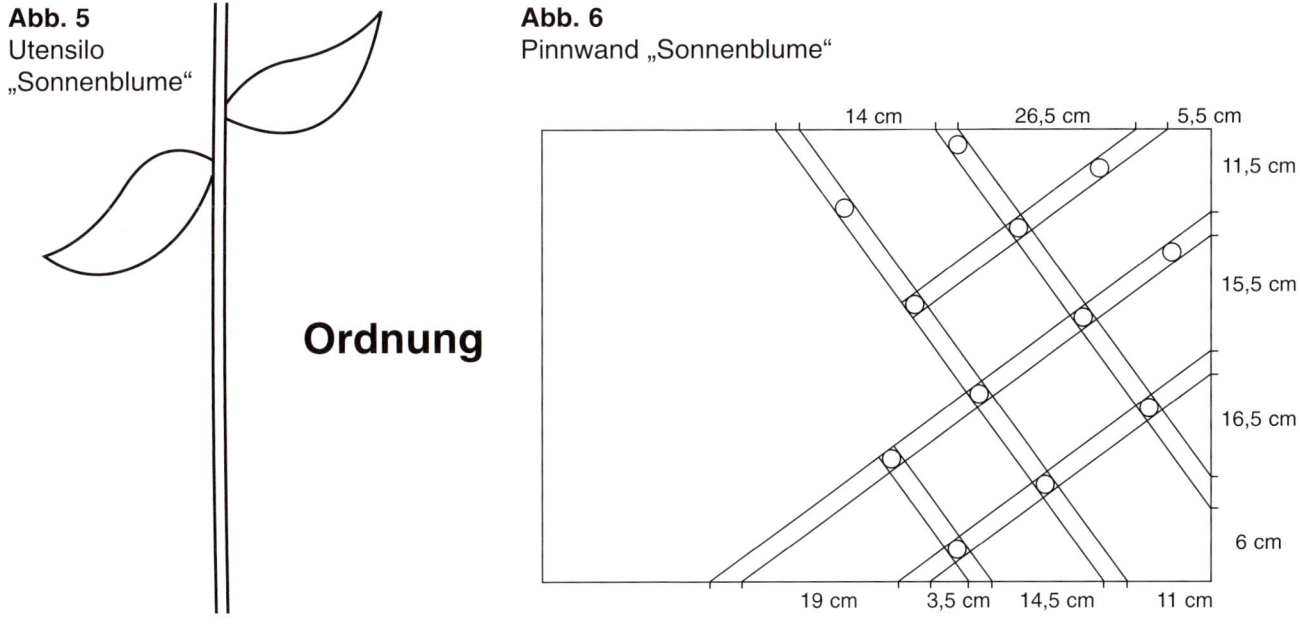

14 cm   26,5 cm   5,5 cm

11,5 cm

15,5 cm

16,5 cm

6 cm

19 cm   3,5 cm   14,5 cm   11 cm

Essen

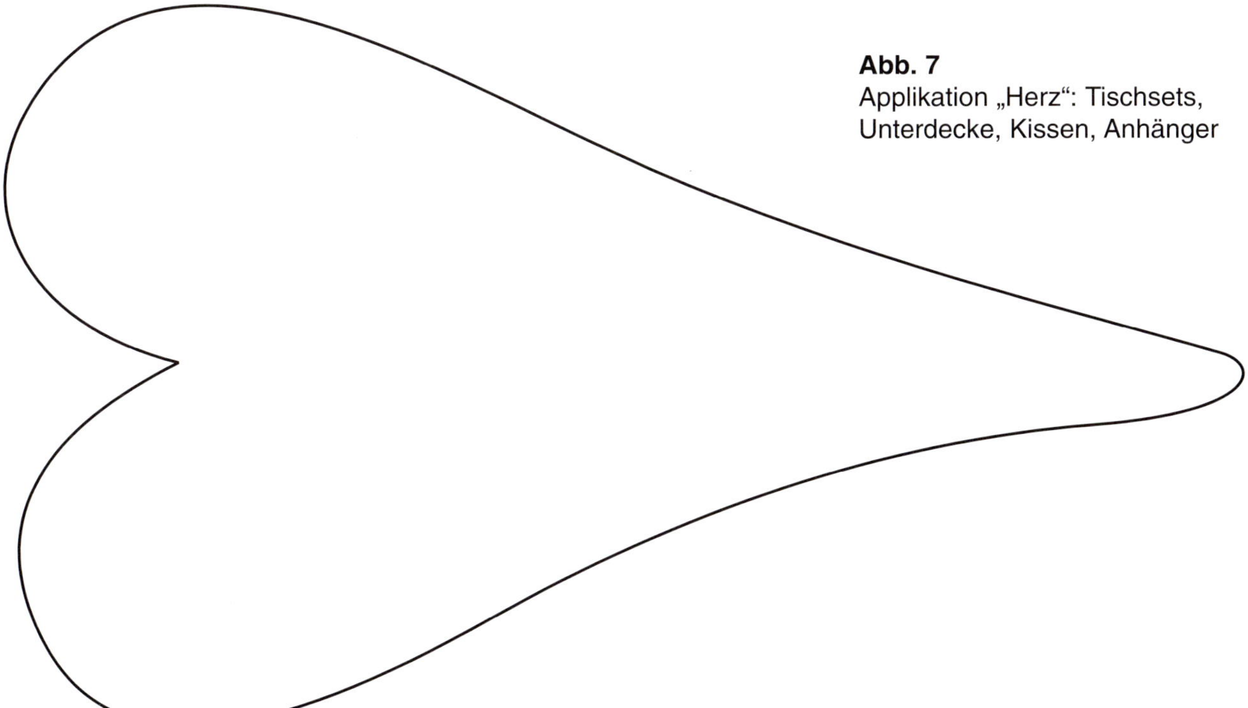

Abb. 7
Applikation „Herz": Tischsets,
Unterdecke, Kissen, Anhänger

Vorlagen

Abb. 8
„Blüten":
Vase, Duftsäckchen

Abb. 9
„Blüten":
Bettwäsche, Dinkelkissen

Schlafen

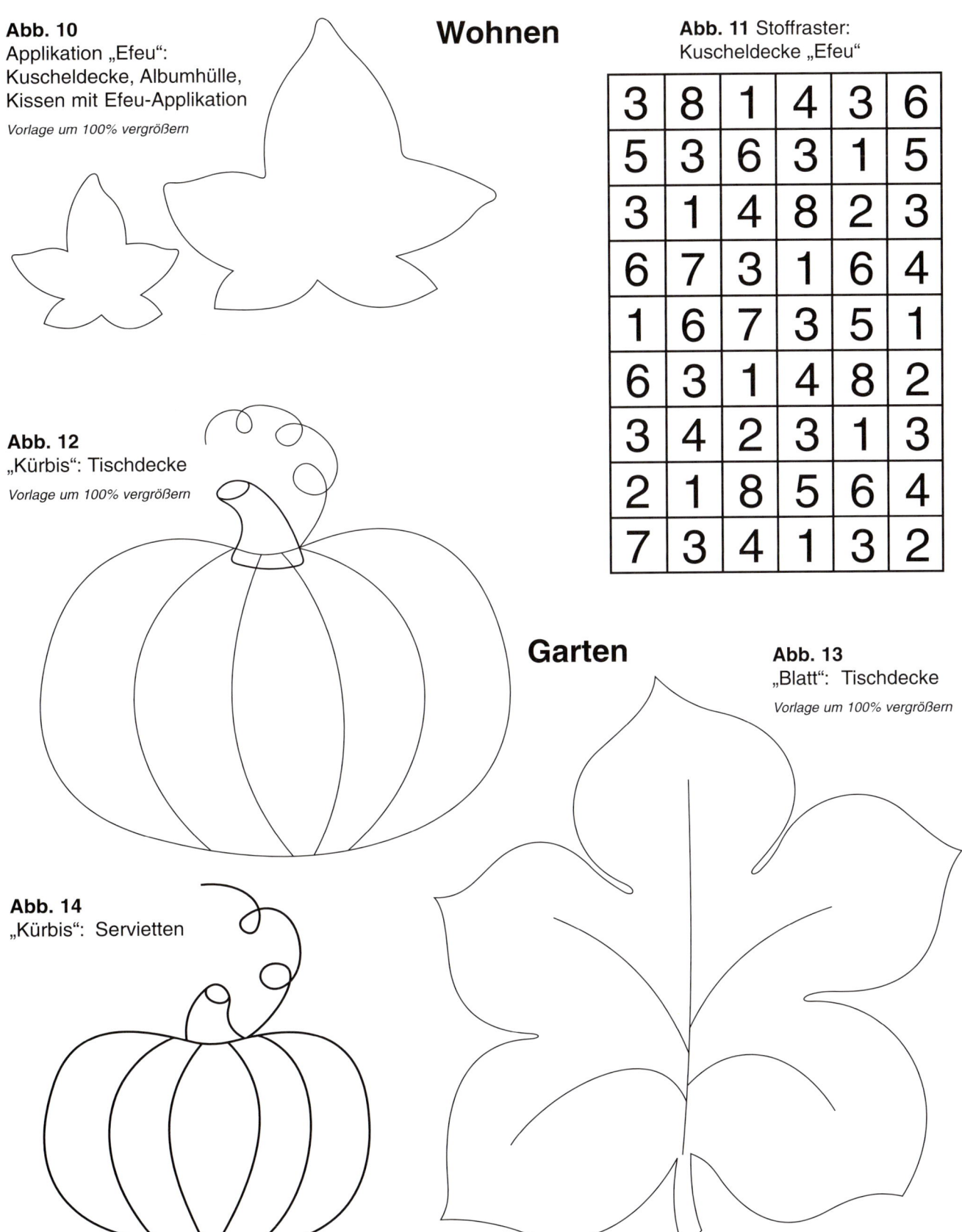

Abb. 10
Applikation „Efeu":
Kuscheldecke, Albumhülle,
Kissen mit Efeu-Applikation

Vorlage um 100% vergrößern

Wohnen

Abb. 11 Stoffraster:
Kuscheldecke „Efeu"

3	8	1	4	3	6
5	3	6	3	1	5
3	1	4	8	2	3
6	7	3	1	6	4
1	6	7	3	5	1
6	3	1	4	8	2
3	4	2	3	1	3
2	1	8	5	6	4
7	3	4	1	3	2

Abb. 12
„Kürbis": Tischdecke

Vorlage um 100% vergrößern

Garten

Abb. 13
„Blatt": Tischdecke

Vorlage um 100% vergrößern

Abb. 14
„Kürbis": Servietten

59

Vorlagen

Abb. 15
„Kürbis": Tablett, Dachziegel

Vorlage um 100% vergrößern

Garten

Abb. 18
„Eisbär": Messtafel

Vorlage um 100% vergrößern

Abb. 19
„Eisbär": Messtafel

Vorlage um 100% vergrößern

Abb. 16
„Eisbär":
Schmusedecke, Schmusekissen

Vorlage um 200% vergrößern

Kinder

Abb. 17
„Eisbär": Spieluhr

Vorlage um 100% vergrößern

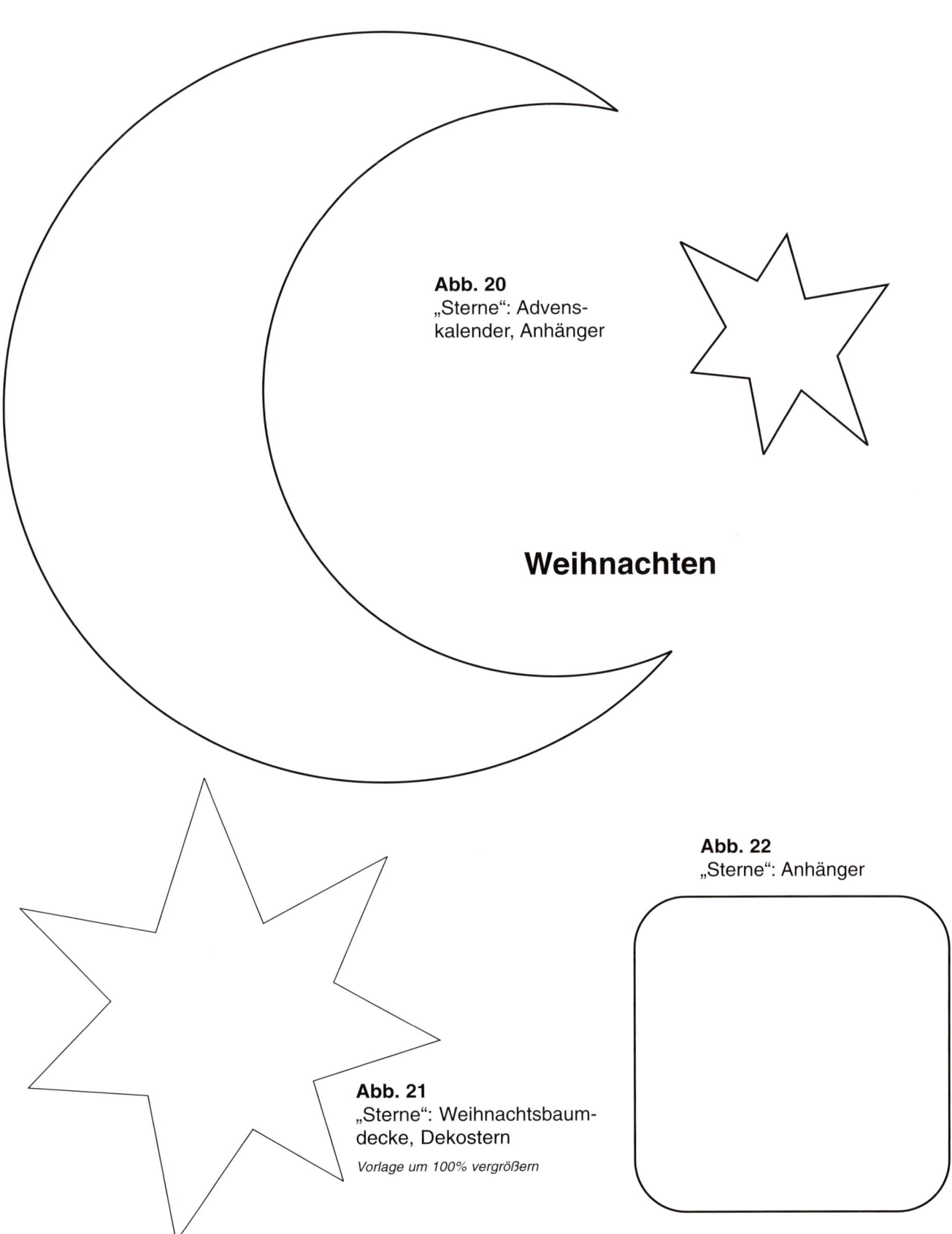

Abb. 20
„Sterne": Advens-
kalender, Anhänger

Weihnachten

Abb. 22
„Sterne": Anhänger

Abb. 21
„Sterne": Weihnachtsbaum-
decke, Dekostern

Vorlage um 100% vergrößern

Westfalenstoffe®

für Kleidung, Handarbeiten, Heimdekoration und kreatives Gestalten.

Stoffe, Kinderkleidung, textiles Spielzeug und Geschenke aus Naturfasern.

- *Hautfreundlich – giftfrei*
- *Druck- und Webstoffe aus 100% Baumwolle*
- *Baumwoll Trikots*
- *Nickis*
- *Mohair- und Baumwollplüsche*

Natürliche Stoffe

Westfalenstoffe AG • Albrecht-Thaer-Str. 2 • 48147 Münster
Tel.: 02 51-92 805-0 • Fax: 02 51-92 805-55
e-mail: info@westfalenstoffe.de • www.westfalenstoffe.de

Die neue Freiheit des Nähens

Die Designer II und das Themenzubehör Deko

Die Designer II bietet Ihnen die neue Freiheit des Nähens und das exklusive Sensor System von Husqvarna Viking mit dem patentierten Nähberater.

Mit dem Themenzubehör Deko verwandeln Sie Ihre Designer II in einen wahren Heimtextilien-Designer.

Das Themenzubehör Deko bietet einen 6,5 mm Kordelfuß, einen Doppelkordelfuß, einen Bandeinfasser, einen Faltenlegerfuß, eine Schablone zum Zuschneiden und Nähen von Kissen und Polstern, spezielle Polsternadeln, eine Bügelauflage und noch viel mehr. Entscheiden Sie sich für das Zubehör, das Sie sich für Ihr Hobby wünschen – nicht mehr und nicht weniger.

Schauen Sie sich die Designer II und das komplette Themenzubehör Deko mit den vielen Zubehörteilen bei Ihrem Husqvarna Viking Fachhändler an.

Designer II
EXCLUSIVE SENSOR SYSTEM

Herstellerverzeichnis

Westfalenstoffe AG
Albrecht-Thaer-Str. 2
D-48147 Münster
Internet: www.westfalenstoffe.de

Rayher Hobby GmbH
Fockestr. 15
D-88471 Laupheim
Internet: www.rayher.de

Freudenberg Vliesstoffe KG
D-69465 Weinheim
Internet: www.freudenberg.de

Viking Pfaff Vertriebsgesellschaft mbH
Bannwaldallee 46
76185 Karlsruhe
Internet: www.husqvarnaviking.com
Internet: www.pfaff.de

Mill Hill-Knöpfe
über Monika Arnold Handarbeiten
Zum Tauhügel 7
D-66459 Kirkel

Impressum

Fotos:
Hermann Mareth, Offenburg

Styling:
Marliese Vogt

Korrektur:
Christa Eichkorn

Lektorat:
Susanne Klar

Layout und Produktion:
Carsten Schorn, Merzhausen

Druck und Bindung:
J. P. Himmer, Augsburg

ISBN 3-933813-79-4

© 2001 by OZ Verlag GmbH, Rheinfelden